Her a Hwyl Mathemateg Datrys Problemau

Awdur ac Ymgynghorydd
Sean McArdle

Addasiad
Joshua Head a Llewellyn Goff

Tystysgrif

Llongyfarchiadau i

....
(ysgrifenna dy enw yma)

am gwblhau'r llyfr yn llwyddiannus.

DA IAWN!
Rwyt ti'n seren!

⭐ ⭐ ⭐ ⭐ ⭐

7–9 OED

Dyddiad
....

Golygyddion Elizabeth Blakemore, Jolyon Goddard
Uwch Olygydd Celf Ann Cannings
Rheolydd Golygyddol Christine Stroyan
Rheolydd Golygyddol Celf Anna Hall
Uwch Olygydd Cynhyrchu Andy Hilliard
Uwch Reolydd Cynhyrchu Jude Crozier
Rheolydd Datblygu Cynllun y Clawr Sophia MTT
Cyhoeddwr Andrew Macintyre
Cyfarwyddydd Cyhoeddi Cysylltiol Liz Wheeler
Cyfarwyddydd Celf Karen Self
Cyfarwyddydd Cyhoeddi Jonathan Metcalf

Cyhoeddwyd gan Rily Publications Ltd. 2022
Blwch Post 257, Caerffili CF83 9FL

Addasiad: Joshua Head a Llewellyn Goff

Hawlfraint yr addasiad © Rily Publications, 2022

Hawlfraint © 2016, 2020 Dorling Kindersley Limited
Cyhoeddwyd gyntaf yn y DU yn 2016 gan Dorling Kingsley Limited DK,
One Embassy Gardens, 8 Viaduct Gardens, London SW11 7BW
Cwmni Penguin Random House

Cedwir pob hawl. Ni chaniateir atgynhyrchu unrhyw ran o'r cyhoeddiad hwn, ei storio mewn system adferadwy na'i throsglwyddo mewn unrhyw ffurf na thrwy unrhyw gyfrwng (electronig, mecanyddol, llungopïo, recordio na fel arall) heb ganiatâd ysgrifenedig ymlaen llaw gan berchennog yr hawlfraint.

Mae'r cyhoeddwr yn cydnabod cefnogaeth ariannol Cyngor Llyfrau Cymru.

Mae cofnod catalog CIP o'r llyfr hwn ar gael gan y Llyfrgell Brydeinig.

ISBN 978-1-80416-279-8

Argraffwyd yn China

www.rily.co.uk

Cynnwys

Mae'r tabl hwn yn rhestru'r holl bynciau sydd yn y llyfr. Wrth gwblhau pob tudalen, lliwiwch y seren yn y bocs cywir. Ar ôl gorffen y llyfr, rhowch eich llofnod a'r dyddiad ar y dystysgrif.

Tudalen	Pwnc	Seren	Tudalen	Pwnc	Seren	Tudalen	Pwnc	Seren
4	Adio a thynnu 1	☆	14	Problemau hyd a pherimedr	☆	24	Adio a thynnu 3	☆
5	Adio a thynnu 2	☆	15	Problemau arwynebedd	☆	25	Adio a thynnu 4	☆
6	Tablau lluosi 1	☆	16	Ffracsiynau	☆	26	Lluosi a rhannu 3	☆
7	Tablau lluosi 2	☆	17	Ffracsiynau a chanrannau	☆	27	Lluosi a rhannu 4	☆
8	Lluosi a rhannu 1	☆	18	Problemau degolion 1	☆	28	Cyfrifiadau cyffredinol 1	☆
9	Lluosi a rhannu 2	☆	19	Problemau degolion 2	☆	29	Cyfrifiadau cyffredinol 2	☆
10	Problemau amser 1	☆	20	Rhifolion Rhufeinig	☆	30	Problemau anoddach 1	☆
11	Problemau amser 2	☆	21	Problemau cymarebau	☆	31	Problemau anoddach 2	☆
12	Problemau arian 1	☆	22	Deall siartiau 1	☆	32	Problemau anoddach 3	☆
13	Problemau arian 2	☆	23	Deall siartiau 2	☆	33	Angen help llaw? Mae'r atebion yn y cefn. Pan fyddi di wedi lliwio pob seren, galli di lofnodi dy dystysgrif bersonol.	

★ Adio a thynnu 1

Gwariodd Bobi £14 pan aeth allan brynhawn dydd Sadwrn. Gwariodd £3.20 ar ei docyn bws, £8.50 ar gylchgronau, a'r gweddill ar fyrbrydau. Faint wariodd Bobi ar fyrbrydau?

£2.30

```
3.20 + 8.50 = 11.70

  14.00
− 11.70
  02.30
```

Gwariodd Siân £4.60 ar anrheg pen-blwydd i'w mam. Prynodd hi gerdyn a phapur lapio hefyd, a gostiodd £2.80 yn ychwanegol iddi.
Faint wariodd Siân i gyd?

☐

Mae Mostyn a Maia wedi casglu cyfanswm o 187 o gardiau pêl-droed ar gyfer eu halbwm pêl-droed. Os casglodd Mostyn 92 o gardiau, sawl cerdyn casglodd Maia ar gyfer yr albwm?

☐ cerdyn

Fis diwethaf, enillodd Dylan £20. Ond yn yr un mis, prynodd lyfr am £4, a chrys am £11. A lwyddodd Dylan i gynilo unrhyw arian fis diwethaf? Os do fe, faint?

....

Cyfanswm tri rhif yw 124. Os mai 30 a 55 yw dau o'r rhifau, beth yw'r trydydd rhif?

☐

Cyfrodd Marged yr arian a gafodd am ei phen-blwydd, sef cyfanswm o £21 yn union. Rhoddodd ei modryb £10 iddi, rhoddodd ei chwaer £2.50 iddi, a rhoddodd ei hewythr y gweddill iddi. Faint o arian roddodd ewythr Marged iddi?

☐

Adio a thynnu 2

Trefnodd Iolo barti pen-blwydd priodas ar gyfer ei rieni. Anfonodd 84 o wahoddiadau, ond dim ond gan 67 o bobl gafodd e gadarnhad. Fodd bynnag, ar ddiwrnod y parti, daeth 7 person yn ychwanegol i'r rhai a wahoddwyd. Sawl person a wahoddwyd na ddaeth i'r parti?

67 + 7 = 74

$$\begin{array}{r} 84 \\ -74 \\ \hline 10 \end{array}$$

☐ 10 ☐ person

Mewn dosbarth o 31 o blant, mae gan 8 lygaid glas, mae gan 19 lygaid brown ac mae gan y lleill lygaid gwyrdd. Sawl plentyn yn y dosbarth sydd â llygaid gwyrdd?

☐ plentyn

Roedd gyrrwr fan ddosbarthu am ddarganfod sawl cilomedr yr oedd yn teithio'r wythnos cynt. Gwnaeth nodyn o'r holl bellteroedd yr oedd wedi'u gyrru'r wythnos honno. Y pellteroedd oedd 31km, 63km, 48km, 90km a 53km. Sawl cilomedr deithiodd e i gyd?

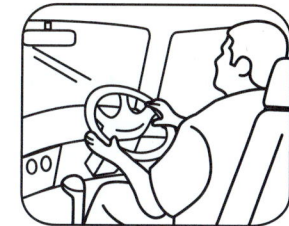

☐

Lawrlwythodd Lois dair cân o'r rhyngrwyd. Costiodd dwy o'r caneuon 79c yr un, a chostiodd y drydedd 99c. Faint talodd Louise i gyd? Nodwch eich ateb mewn punnoedd a cheiniogau.

☐

Pan ddewisodd Sara rif a'i dynnu o 150, y swm oedd yn weddill oedd 89. Pa rif ddewisodd Sara?

☐

Pan edrychodd Rafi ar y dderbynneb am ei siopa, sylwodd ei fod wedi gwario £57.80 ar fwyd, a'r gweddill ar nwyddau glanhau. Os mai £85.00 oedd y cyfanswm ar y dderbynneb, faint wariodd Rafi ar nwyddau glanhau?

☐

★ Tablau lluosi 1

Beth yw dau lluosi dau lluosi dau? 8	2 x 2 = 4 4 x 2 = 8

Os yw pedwar wyth yn 32, beth yw wyth wyth?

Sawl diwrnod sy'n hafal i wyth wythnos?

☐ days

Os yw 12 pedwar yn 48, beth yw chwe phedwar?

Dyblwch bedwar, ac yna dyblwch y rhif unwaith eto. Beth yw'r ateb?

Mae Emyr yn haneru rhif, a'r rhif sy'n weddill yw 16. Beth oedd y rhif gwreiddiol a ddewisodd?

Pan luosir pump a rhif dirgel, yr ateb yw 60. Beth yw'r rhif dirgel?

Os yw 12 lluosi 12 yn hafal i 144, beth yw chwech lluosi 12?

Tablau lluosi 2

Pa rif, pan luosir gyda'i hun, sy'n hafal i 121?

11

11 x 11 = 121

Pa rif sy'n rhoi'r ateb 56 wrth luosi ag wyth?

Sawl mis sy'n hafal i bum mlynedd?

mis

Fis diwethaf, cyfrannodd 11 person o swyddfa Anna £10 yr un at elusen. Beth oedd cyfanswm yr arian a godwyd gan y gweithwyr yn y swyddfa?

Er mwyn cadw'n heini, mae Siôn yn cerdded 5km bob dydd. Os yw e eisoes wedi cwblhau 40km, ers sawl diwrnod mae Siôn wedi bod yn mynd am dro?

diwrnod

Ysgrifennwch yr atebion i'r cwestiynau hyn mor gyflym ag y gallwch.

6 x 7 = ☐   9 x 3 = ☐   10 x 12 = ☐   7 x 7 = ☐

Beth yw'r rhif sydd ar goll ym mhob swm?

5 x ☐ = 25   ☐ x 8 = 40   7 x ☐ = 21   ☐ x 12 = 24

Mae athro celf yn rhoi tri math o frwsh paent i bob plentyn yn ei ddosbarth. Os oes wyth o blant yn y dosbarth, faint o frwshys paent fydd eu hangen arno i gyd?

brwsh paent

Lluosi a rhannu 1

Treuliodd Mr Blodyn drwy'r dydd dydd Sul yn gwneud myffins ar gyfer ffair werthu cacennau'r ysgol. Paciodd chwe myffin ym mhob bocs, a llenwi 12 bocs. Sawl myffin oedd gan Mr Blodyn i gyd?

[72] myffin

```
  12
x  6
----
  72
```

I harddu ei gardd yn y gwanwyn, plannodd Mari fylbiau tiwlip. Lluniodd dair rhes yn y gwely blodau a phlannu 12 bwlb ym mhob rhes. Sawl bwlb blannodd Mari i gyd?

[   ] bwlb tiwlip

Rhannodd Hywel ei gasgliad cardiau post yn gyfartal rhwng ei bum nith a nai. Os oedd gan Hywel gasgliad o 150 cerdyn post, sawl un dderbyniodd pob plentyn?

[   ] cerdyn post

Rhoddodd Ben wyth byrgyr bach i bob person yn ei barti. Daeth naw o bobl i'w barti. Sawl byrgyr oedd eu hangen ar Ben i gyd?

[   ] byrgyr

Os oes angen rhoi 60 o lyfrau llyfrgell mewn pentyrrau o 12, sawl pentwr fydd?

[   ] pentwr

Mae rhif wedi'i luosi â saith yn hafal i 63. Beth yw'r rhif?

[   ]

Mae pob neges destun y mae Carys yn ei hanfon yn costio 6c. Os anfonodd Carys 40 o negeseuon fis diwethaf, faint gostiodd hynny i gyd? Nodwch eich ateb mewn punnoedd a cheiniogau.

[   ]

Lluosi a rhannu 2

Prynodd Lee chwe bocs o lyfrau ar gyfer ei nai. Os yw un bocs yn cynnwys pum llyfr, sawl llyfr brynodd Lee?

30 llyfr

```
   5
x  6
  30
```

Sawl blwyddyn sy'n hafal i naw degawd?

☐ blwyddyn

Roedd gan Daniel 19 cacen. Rhoddodd bedair cacen yr un i bedwar o'i ffrindiau. Sawl cacen oedd ar ôl i Daniel eu bwyta?

☐ cacen

Defnyddiodd cogydd mewn gwesty 84 o wyau i wneud brecwast i'w westeion bore 'ma. Os yw pob bocs wy yn dal dwsin o wyau, sawl bocs defnyddiodd y cogydd?

☐ bocs wyau

Pa rif wedi'i luosi â thri sy'n rhoi'r ateb 66?

☐

Os yw crochenydd yn cymryd 20 munud i wneud un cwpan wy, sawl cwpan wy gall hi eu gwneud mewn pedair awr?

☐ cwpan wy

Os yw pecyn o fisgedi yn cynnwys 24 bisged, sawl bisged sydd mewn pedwar pecyn?

☐ bisged

9

Problemau amser 1

Mae Gareth yn hoffi berwi ei wyau am bedwar munud a hanner bob amser brecwast. Pa mor hir yw hynny mewn eiliadau? 270 eiliad	1 munud = 60 eiliad 4 × 60 = 240 ½ munud = 30 eiliad 240 + 30 270

Aeth Emma i siopa am 10.00 yb, a dychwelyd am 2.30 yp. Am ba mor hir fuodd Emma'n siopa? Nodwch eich ateb mewn oriau a munudau.

☐

Mae Harri'n hoffi dweud ei oedran mewn misoedd yn lle blynyddoedd. Os yw Harri'n chwe mlwydd a hanner oed, sut byddai e'n dweud ei oedran?

☐ mis oed

Mae Aeron wedi bod yn fyw am bum degawd a hanner. Pa mor hen yw Aeron mewn blynyddoedd?

☐ blwydd oed

Pa ddau fis yn olynol sydd â 31 diwrnod?

....

Llwyddodd Dewi i nofio yn ei flaen am 11 eiliad, tra llwyddodd Tomos i wneud am 20 eiliad. Am faint yn hirach na Dewi bu Tomos yn nofio?

☐

Cymerodd Olwen 35 munud i gerdded o'i chartref i ganol dinas Abertawe. Os gadawodd Olwen ei chartref am 8.45 yb, faint o'r gloch cyrhaeddodd hi ganol y ddinas?

☐

Problemau amser 2

Nid yw Caron wedi dysgu'r system 24 awr i ddweud faint o'r gloch yw hi eto. Mae hi'n gweld ei fod yn 20:00, ond nid yw hi'n deall faint o'r gloch yw hyn. Allwch chi ei helpu?

8.00 y.h. (yr hwyr)

Am amseroedd sydd wedi 12:00 (canol dydd), tynnwch 12 awr i ffwrdd i roi'r amser y.h.

20 − 12 = 8

Roedd angen i Ffion gwrdd â'i mam ym marchnad y ffermwyr am 14:00. Ydy'r amser yma yn y bore neu'r prynhawn?

....

Chwaraeodd Barri mewn gêm bêl-droed a ddechreuodd am 3.30yb. Faint o'r gloch oedd hynny ar y cloc 24 awr?

Mae Idris yn gwybod bod dau enw gwahanol ar 12:00. Canol dydd ydi un. Beth yw'r llall?

....

Mewn gwers fathemateg, roedd angen i Clara ysgrifennu 7.15 y.b. gan ddefnyddio'r system 24 awr. Beth ddylai hi ei ysgrifennu?

Sawl awr sydd rhwng 11.30 y.b. a 16:30?

Gan ddefnyddio'r cloc 24 awr, ysgrifennwch yr amser awr cyn hanner nos, a hefyd awr ar ôl hanner nos.

[   ] and [   ]

Problemau arian 1

Rhoddodd tad Chandra 80c iddyn nhw, ac yna rhoddodd eu mam ddwbl y swm hwnnw o arian iddyn nhw. Faint o arian derbyniodd Chandra i gyd? Nodwch eich ateb mewn punnoedd a cheiniogau.

£2.40

80 x 2 = 160
80 + 160 = 240
100 c = £1.00
felly 240 c = £2.40

Aeth Noa â 500 o ddarnau arian 1c i'r banc er mwyn eu cyfnewid am ddarnau arian 10c. Sawl darn arian 10c derbyniodd Noa yn ôl?

darn arian

Ar ôl codi £50 o beiriant arian parod, roedd gan Megan gyfanswm o £65.50. Faint o arian oedd gan Megan yn wreiddiol?

Mae Beca eisiau prynu siaced, ac mae angen iddi gynilo £20 er mwyn ei fforddio. Hyd yn hyn, mae hi wedi cynilo £12.50. Faint o arian ychwanegol sydd ei angen ar Beca?

Mae Ceri'n derbyn £5 o arian poced bob wythnos. Faint o arian fydd gan Ceri mewn 12 wythnos os na fydd yn gwario dim ohono?

Cynilodd Efa ddarnau arian 2c mewn potel. Pan oedd y botel yn llawn, fe wagiodd hi'r botel a chyfrif 270 o ddarnau arian. Cyfrifwch gynilion Efa. Nodwch eich ateb mewn punnoedd a cheiniogau.

Mae Morgan eisiau prynu CD am £8.99, ond dim ond £4.60 sydd ganddo ar hyn o bryd. Faint o arian ychwanegol sydd ei angen ar Morgan?

Problemau arian 2

Ar ei ffordd i'r gwaith, llenwodd tad Ali ei gar â phetrol, a gostiodd £38.70. Hefyd, talodd £3.80 am bapur newydd a choffi. Faint wariodd tad Ali i gyd?

£42.50

```
  38.70
+  3.80
  42.50
```

Mae tanysgrifiad i gylchgrawn ar-lein yn costio £3.99 y mis. Faint fydd tanysgrifiad chwe mis yn ei gostio?
Nodyn: Chwiliwch am ffordd hawdd o gyfrifo hyn.

Prynodd Adam chwe phecyn o greision am £1.80. Faint gostiodd pob pecyn? Nodwch eich ateb mewn ceiniogau.

Talodd Cai am docyn trên gyda phapur £10. Costiodd y tocyn £7.35. Faint o newid gafodd Cai?

Aeth Nabil ar drip ysgol i'r sw. Pris tocyn y bws oedd £12.40, £8.00 oedd tâl mynediad a phris cinio oedd £2.70. Faint gostiodd y trip i gyd?

Prynodd Bethan anrhegion i Wil am ei ben-blwydd. Costiodd yr anrhegion £35. Talodd hi'r cyfan gan ddefnyddio tri darn o arian papur yn unig. Pa dri phapur ddefnyddiodd Bethan?

Problemau hyd a pherimedr

Hyd top bwrdd petryalog yw 60 cm. Lled top y bwrdd yw 40 cm. Beth yw ei berimedr?

200 cm

Perimedr = (2 x hyd) + (2 x lled)
= (2 x 60) + (2 x 40)
= 120 + 80
= 200

Y pellter o Gastell Aberystwyth i'r Borth yw 7.4 km. Os yw Prys yn cerdded o'r castell i'r Borth ac yn ôl, pa mor bell fydd e wedi cerdded?

Cyfanswm perimedr petryal yw 30cm. Os yw'r ochr hiraf yn mesur 8 cm, beth yw hyd yr ochr byrrach?

← 8 cm →

Mae maes parcio petryalog yn mesur 70m o led a 120m o hyd. Beth yw perimedr y maes parcio?

Cafodd uchder wal frics ei ostwng o'i uchder gwreiddiol o 1.88m. Os ydy'r wal nawr yn mesur 1.49m o uchder, faint o uchder a gollwyd?

Mae gan sgwâr berimedr o 34 cm. Beth yw hyd pob ochr?

Taflodd Jac bêl bellter o 26.4m. Yna taflodd Mali'r bêl bellter o 29.1m. yn bellach taflodd Mali'r bêl na Jac?

Problemau arwynebedd

Mae teilsen ystafell ymolchi betryalog yn mesur 20cm o hyd ac 8cm o led. Beth yw ei arwynebedd?

160 cm²

Arwynebedd = hyd x lled

```
   20
x   8
  ___
  160
```

Mae angen i Sali brynu darn o wydr sy'n mesur 2m wrth 3m er mwyn trwsio gwydr ffenestr sydd wedi torri. Os yw'r gwydr yn costio £3.80 y medr sgwâr, faint fydd angen i Sali ei dalu?

Mae gan betryal arwynebedd o 72 cm². Os yw ochr fyrrach y petryal yn mesur 8 cm, beth fydd hyd yr ochr hirach?

Mae tun bach o baent yn gorchuddio 8m². Mae angen i Alun beintio wal sy'n mesur 3m o uchder ac 8m o led. Sawl tun o baent fydd eu hangen arno?

_____ tun

Mae hyd petryal ddwywaith ei led. Os yw arwynebedd y petryal yn mesur 32 cm², cyfrifwch ei hyd a'i led.

hyd _____   lled _____

Mae patio petryalog yn mesur 5m o hyd a 2m o led. Costiodd y deunyddiau i wneud y patio £36 am bob m², a chostiodd £40 pob m² i'r gweithiwr eu gosod. Faint gostiodd y patio i gyd?

Mae gan sgwâr ochrau o 3cm. Mae ochrau sgwâr arall ddwywaith mor hir. Beth yw'r gwahaniaeth rhwng arwynebedd y ddau sgwâr?

Ffracsiynau

Mae Rhodri'n rhoi un degfed o'i arian poced i elusen bob wythnos. Os yw e'n derbyn £2 o arian poced yr wythnos, faint ohono mae'n ei roi i elusen? Nodwch eich ateb mewn ceiniogau.

20 c

$£1 = 100\text{c}$

$\frac{1}{10} \times 100 = 10$

so $\frac{1}{10} \times 200 = 20$

Cerddodd Jemma, sy'n ddwy oed, un pumed o'r daith i'r siopau gyda'i mam. Yna, roedd angen iddi gwblhau gweddill y daith yn ei choets am ei bod teimlo'n flinedig. Os mai 200m oedd cyfanswm y pellter, pa mor bell gerddodd Jemma, a pha mor bell teithiodd hi yn y goets?

cerdded ☐   reidio ☐

Mewn pecyn o losin, mae un wythfed yn las, a'r gweddill yn felyn. Pa ffracsiwn o'r losin sy'n felyn? ☐

Mae Elis yn sylweddoli ei fod e'n treulio chwarter ei amser yn y gwaith yn breuddwydio am bob awr dylai e fod yn gweithio. Os yw Elis yn treulio dwy awr yn gweithio, faint o amser nad yw'n treulio'n breuddwydio pob dydd? Nodwch eich ateb mewn oriau a munudau.

☐

Mae traean o'r plant mewn dosbarth yn cael cinio ysgol poeth, a'r gweddill yn cael brechdanau. Os oes 27 o blant yn y dosbarth, sawl un fydd yn cael brechdanau i ginio?

☐ plant

Cymerodd Alys ran mewn ras 400m, ond anafodd ei phigwrn ar ôl rhedeg un pumed o'r pellter yn unig. Pa mor bell redodd Alys cyn iddi gael anaf?

☐

Talodd Erin £10 am ginio, a chwarter y gost eto am ddiod ysgafn. Faint talodd Erin i gyd?

☐

Ffracsiynau a chanrannau

Os yw 25% o swm yn hafal i 15c, beth yw'r swm cyfan?

60 c

$25\% = \frac{1}{4}$

$4 \times 15 = 60$

Mae Rob yn treulio 50% o'i amser yn y gampfa'n nofio a'r gweddill ar ymarferion cardio. Os yw Rob yn treulio tair awr yn y gampfa, faint o amser mae'n ei dreulio ar bob gweithgaredd? Rhowch eich ateb mewn oriau a munudau.

Y siawns o ennill gyda thocyn loteri yw 1 mewn 10. Beth yw hynny wedi'i fynegi fel ffracsiwn ac fel canran?

Ar daith undydd i Gaeredin, gwariodd Mrs a Mr Evans 25% o'u harian ar bob un o'u tri phlentyn. Fe warion nhw weddill yr arian arnyn nhw eu hunain. Os gwariwyd £25 ar bob plentyn, faint wariodd Mrs a Mr Evans i gyd?

Teithiodd car gyfanswm o 180 milltir. Ar ôl yr 20 milltir cyntaf, roedd gan y car deiar fflat. Fel ffracsiwn, faint o'r daith cafodd ei chyflawni cyn i'r teiar golli'r gwynt?

Cyfrifodd Rhian fod un wythfed o bêl-droedwyr y Gynghrair Bêl-droed yn Ffrengig. Os oes gan y Gynghrair 240 o chwaraewyr, faint ohonyn nhw sydd ddim yn Ffrengig?

chwaraewyr

Problemau degolion 1

Ar ei seithfed pen-blwydd, taldra Iestyn oedd 1.25 m. Erbyn ei wythfed pen-blwydd, roedd e wedi tyfu 0.16 m. Pa mor dal oedd Iestyn ar ei wythfed pen-blwydd?

1.41 m

```
  1.25
+ 0.16
  ————
  1.41
```

Rhwng 2 ac 18 oed, fe ddyblodd taldra Mathew. Os oedd Mathew yn 0.88 m pan oedd yn 2 oed, pa mor dal oedd Matthew pan oedd yn 18 oed?

Bob dydd, mae ceffyl Medi'n bwyta 2.5 kg o geirch. Sawl cilogram o geirch mae'r ceffyl yn eu bwyta mewn wythnos?

Newidiwch bob ffracsiwn i'w gyfwerth degol.

$\frac{3}{4}$ $\frac{1}{2}$ $\frac{1}{4}$

Mae potel o ddiod cola'n dal 1 litr o ddiod. Os yw Danni a'i ffrindiau'n yfed 0.75 l, faint sydd ar ôl?

Mae Steffan eisiau gwella ei ffitrwydd ar gyfer twrnamaint chwaraeon sydd i ddod. Mae'n pwyso 50 kg nawr, ac mae e eisiau colli 2.5 kg. Os bydd Steffan yn llwyddiannus, beth fydd ei bwysau newydd?

Problemau degolion 2

Cafodd pris pecyn o gnau daear sydd fel arfer yn costio £2 ei ostwng gan 0.25. Beth yw pris newydd y pecyn?

£1.50

0.25 = $\frac{1}{4}$
$\frac{1}{4}$ x 2 = 0.50

```
  2.00
- 0.50
  1.50
```

Roedd bag yn cynnwys 12 afal. Y diwrnod wedyn, cafodd 0.25 o'r afalau eu bwyta. Sawl afal oedd ar ôl?

☐ afal

Prynodd Tabitha focs o siocledi. Roedd 0.75 ohonynt yn siocled llaeth a'r gweddill yn siocled plaen. Os oedd y bocs yn cynnwys 24 o siocledi, sawl un oedd yn blaen, a sawl un oedd yn siocled llaeth?

☐ siocled plaen   ☐ siocled llaeth

Newidiwch bob ffracsiwn i'w gyfwerth degol.

$\frac{1}{5}$ ☐ $\frac{1}{10}$ ☐ $\frac{7}{10}$ ☐

Dyblwyd hyd lwybr gardd Alya i 7.8 m. Beth oedd hyd y llwybr gwreiddiol?

☐

Os yw 0.75 o rif yn hafal i 12, beth yw'r rhif cyflawn?

☐

Mae Celyn fel arfer yn derbyn £4 o arian poced bob wythnos. Fodd bynnag, yr wythnos hon, rhoddodd eu tad faint oedd 0.2 yn ychwanegol i'r arian hwn am helpu gyda pharatoadau parti dros y penwythnos. Faint o arian ychwanegol dderbyniodd Celyn? Rhowch eich ateb mewn ceiniogau.

☐

Rhifolion Rhufeinig

Ar ben-blwydd Ryan, rhoddodd Greta gerdyn iddo oedd yn dweud: 'Pen-blwydd Hapus! Rwyt ti nawr yn XVIII'. Faint yw oedran Ryan?

 mlwydd oed

X = 10
V = 5
I = 1
10 + 5 + 3 = 18

Ar wyneb cloc, mae'r bys bach (awr) yn pwyntio at VI, a'r bys mawr (munud) at XII. Faint o'r gloch yw hi?

Mae'r tarianau isod yn dangos rhifau tair lleng Rufeinig. Sut byddwn ni'n ysgrifennu'r rhifau hyn?

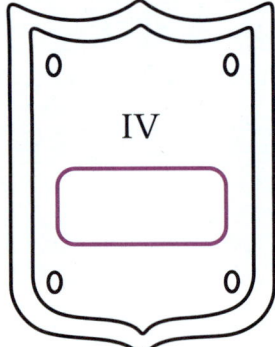 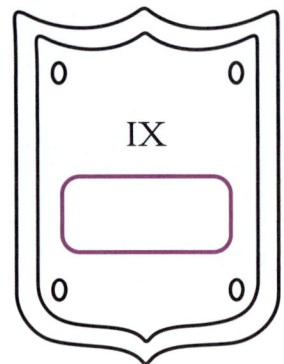 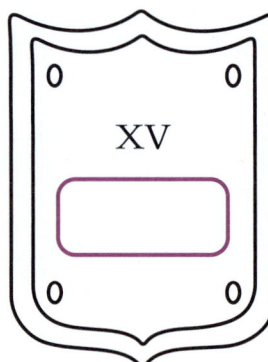

Gan ddefnyddio rhifolion Rhufeinig, ysgrifennwch y rhif sydd un yn llai na phob un o'r rhain.

III    X   XX

Cyfrifwch y symiau isod gan ddefnyddio rhifolion Rhufeinig. Ysgrifennwch yr atebion ar ffurf rhifau.

L + X + V + I =   VI + IX + L =

LXII − XX =   LXV − XIII =

Ysgrifennwch bob un o'r rhifau isod yn ei ffurf Rufeinig.

15   56   24

Problemau cymarebau

Mewn clwb rhedeg, y gymhareb o fechgyn i ferched yw 2:1. Os oes 40 o fechgyn yn y clwb, sawl merch sydd ynddo?

[20] merch

Mae 2:1 yn golygu bod dwywaith cymaint o fechgyn na merched, felly 40 ÷ 2 = 20

Cymhareb y merched i fechgyn mewn sioe ysgol oedd 2:1.
Os oedd 20 o ferched yn y sioe, sawl plentyn oedd yn cymryd rhan i gyd?

[ ] o blant

Ar gyfer prosiect ysgol, gofynnodd Efan i 24 o gefnogwyr chwaraeon i enwi eu hoff gamp. Y canlyniad oedd bod 3:1 yn ffafrio pêl-droed dros rygbi. Sawl cefnogwr oedd yn ffafrio pob camp?

Pêl-droed [ ]   Rygbi [ ]

Mewn dosbarth o 30 o blant, mae gan 20 wallt brown ac mae gan y gweddill wallt golau. Beth yw cymhareb y plant â gwallt brown i wallt golau yn y dosbarth?
Nodyn: Ysgrifennwch y gymhareb mor syml â phosibl.

[ ]

Mae bocs o losin yn cynnwys rhai blas grawnwin, melon dŵr a mefus, yn y gymhareb 3:2:1. Os oes 9 losinen grawnwin, sawl losinen melon dŵr a mefus sydd yn y bocs?

[ ] blas melon dŵr   [ ] blas mefus

Mewn canolfan gwerthu ceir, mae yna geir arian a cheir coch mewn cymhareb o 1:4. Os oes 16 car coch, sawl car sydd yn y ganolfan i gyd?

[ ] car

Cymhareb y gwartheg i ddefaid ar fferm Tom yw 2:3. Os oes gan y fferm gyfanswm o 40 o wartheg a defaid, faint sydd o bob math o anifail?

[ ] buwch   [ ] dafad

Deall siartiau 1

Mae'r siart isod yn dangos nifer o weithiau y bu bechgyn a merched yn benthyca llyfrau o lyfrgell yr ysgol. Edrychwch yn ofalus ac atebwch y cwestiynau.

Teitl (Awdur)	Bechgyn	Merched
Dyddiadur Dirgel Dilwyn (Iwan Bevan)	640	295
Hanes fy Hen Fam-gu (Eirian Morus)	566	531
O'r Amazon i Abertawe: Anturiaethau Sam (Manon Llewelyn)	170	462
Y Ddraig a'r Uncorn (Colin Wahlberg)	602	583

Pa awdur oedd fwyaf poblogaidd ymhlith y bechgyn?

....

Pa awdur oedd fwyaf poblogaidd ymhlith y merched?

....

Pa lyfr gafodd ei fenthyg fwyaf?

....

Pa lyfr oedd â'r gwahaniaeth mwyaf rhwng nifer y bechgyn fu'n ei ddarllen a nifer y merched fu'n ei ddarllen?

....

Sawl gwaith yn fwy cafodd ei fenthyg o'i gymharu â *Dyddiadur Dirgel Dilwyn*? ☐ gwaith yn fwy

Llyfr gan ba awdur gafodd ei fenthyca 632 o weithiau?

....

22

Deall siartiau 2

Pleidleisiodd dosbarth o blant ysgol yng Nghaergybi dros eu hoff sianel deledu. Edrychwch ar y siart cylch ac yna atebwch y cwestiynau.

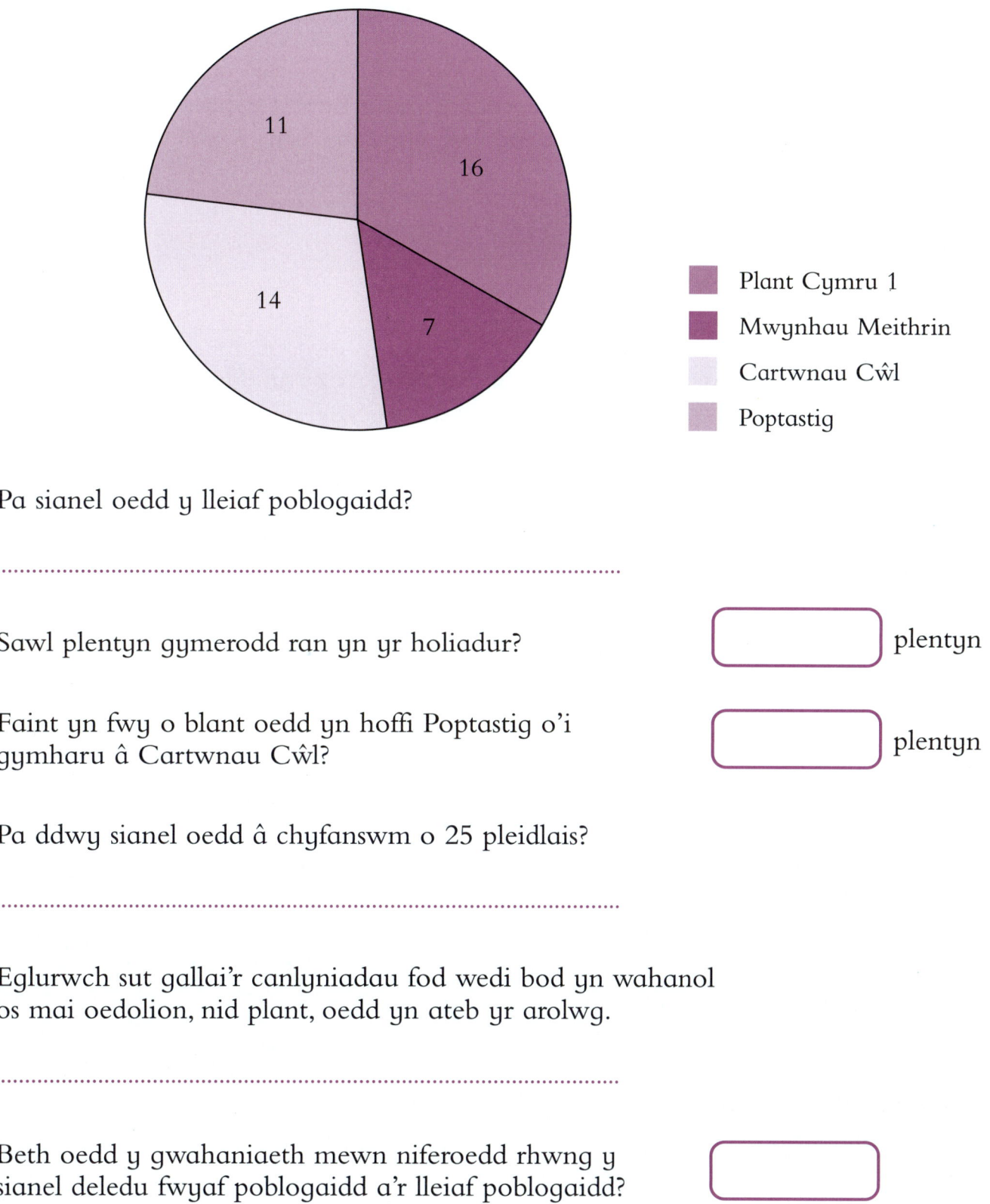

Y sianeli teledu mwyaf poblogaidd

- Plant Cymru 1
- Mwynhau Meithrin
- Cartwnau Cŵl
- Poptastig

Pa sianel oedd y lleiaf poblogaidd?

....

Sawl plentyn gymerodd ran yn yr holiadur? ☐ plentyn

Faint yn fwy o blant oedd yn hoffi Poptastig o'i gymharu â Cartwnau Cŵl? ☐ plentyn

Pa ddwy sianel oedd â chyfanswm o 25 pleidlais?

....

Eglurwch sut gallai'r canlyniadau fod wedi bod yn wahanol os mai oedolion, nid plant, oedd yn ateb yr arolwg.

....

Beth oedd y gwahaniaeth mewn niferoedd rhwng y sianel deledu fwyaf poblogaidd a'r lleiaf poblogaidd? ☐

★ Adio a thynnu 3

| Cyfanswm dau rif yw 75. Un o'r rhifau yw 18. Beth yw'r rhif arall? **Nodyn**: gellir datrys y broblem hon mewn gwahanol ffyrdd. 57 | 75 − 18 = 57 neu 18 + **2** = 20 20 + **50** = 70 70 + **5** = 75 **2** + **50** + **5** = 57 |

Fis diwethaf, dosbarthodd Seth i bedair siop yn Stryd y Bont. Dosbarthodd 12 parsel i un siop, 37 i'r siop nesaf, 28 i'r drydedd, a 31 i'r siop olaf. Sawl parsel dosbarthodd Seth i gyd?

☐ parsel

Am eu gwyliau mwyaf diweddar, aeth y teulu Williams ar daith hir yn y car. Ar ddiwrnod cyntaf eu gwyliau, fe yrron nhw 190km. Ar yr ail ddiwrnod, gyrron nhw 165km, ac ar y diwrnod olaf, gyrron nhw 85km. Sawl cilomedr deithiodd y teulu Williams i gyd?

☐

Rhoddodd Amal ei blociau adeiladu mewn i dri phentwr yn ôl eu lliwiau, sef coch, glas a melyn. Roedd 20 bloc yn y pentwr coch, a 35 bloc yn y pentwr glas. Os oedd gan Amal gyfanswm o 100 bloc, sawl bloc melyn oedd ganddi?

☐ bloc melyn

Cynigodd Gruff chwarae gêm gyfrifiadur gyda Llio. Sgoriodd Llio 200 o bwyntiau. Serch hynny, curodd Gruff sgôr Llio gan 130 pwynt. Sawl pwynt sgoriodd Gruff?

☐ pwynt

Y gwahaniaeth rhwng dau rif yw 17. Y rhif mwyaf yw 50. Beth yw'r rhif lleiaf?

☐

Adio a thynnu 4

Cafodd pedwar deg naw o bobl glyweliad ar gyfer cwmni dawns dros gyfnod o ddau ddiwrnod. Pe bai 26 o bobl yn cael eu dewis ar y diwrnod cyntaf a phedwar arall ar yr ail ddiwrnod, sawl person na fyddai'n cael eu dewis?

26 + 4 = 30

$$\begin{array}{r} 49 \\ -\ 30 \\ \hline 19 \end{array}$$

[19] person

Pan mae tri rhif yn cael eu hadio gyda'i gilydd, y cyfanswm yw 150. Dau o'r rhifau yw 20 a 35. Beth yw'r trydydd rhif?

[   ]

Pan gaiff dau rif gwahanol eu hadio at ei gilydd, eu cyfanswm yw 12. Os yw un o'r rhifau'n ddwbl y llall, beth yw'r ddau rif?

[   ] a [   ]

Mae gan y Cenhedloedd Unedig, neu'r UN, aelodaeth o 193 o wledydd. Roedd 51 gwlad yn aelodau gwreiddiol o'r sefydliad. Sawl gwlad nad sy'n aelodau gwreiddiol o'r Cenhedloedd Unedig?

[   ] gwlad

Aeth pedwar dosbarth o Ysgol Gynradd Plasbach ar bicnic ysgol. Nifer y plant a'r cynorthwywyr ym mhob dosbarth oedd 37, 36, 29 a 38. Beth oedd cyfanswm y plant a'r cynorthwywyr ar y picnic?

[   ] plentyn a chynorthwyydd

Ar gyfer cystadleuaeth gwyddoniaeth, adeiladodd Tegwen fodel gweithredol o bont godi. Roedd y model yn cynnwys 73 darn gwahanol – 34 darn metel a'r lleill yn blastig. Sawl darn plastig ddefnyddiodd Tegwen yn ei model?

[   ] darn plastig

25

Lluosi a rhannu 3

Chwaraeodd Daniel gêm newydd ar ei gyfrifiadur. Rhoddodd dri chynnig arni, ac enillodd yr un sgôr bob tro. Os sgoriodd Daniel gyfanswm o 27 pwynt, sawl pwynt sgoriodd pob cais?

27 ÷ 3 = 9

9 pwynt

Eisteddodd gwesteion ar fyrddau o wyth ym mharti Lefi. Os oedd 56 o westeion yn bresennol yn y parti, sawl bwrdd oedd eu hangen ar Lefi ar gyfer ei westeion?

☐ bwrdd

Mae'r paneli ffens a brynodd Ruth ar gyfer ei gardd yn cael eu gwerthu mewn pecynnau o bedwar. Os defnyddiodd Ruth 36 o baneli, sawl becyn brynodd hi?

☐ pecyn

Mae degawd yr un fath â 10 mlynedd. Sawl degawd sydd yr un fath â 110 mlynedd?

☐ degawd

Mae rhif yn cael ei luosi â'i hun, ac yna mae'r ateb yn cael ei ddyblu. Os mai 50 yw'r rhif terfynol, beth oedd y rhif gwreiddiol?

☐

Cymerodd plant Ysgol Glanmôr ran mewn ras traws gwlad. Fe'u rhannwyd yn grwpiau o naw. Os oedd saith grŵp yn y ras, sawl plentyn gymerodd ran?

☐ plentyn

Cynhyrchodd Lilian giwb mawr allan o giwbiau bach. Roedd pob ymyl y ciwb mawr bedair gwaith hyd ymyl ciwb bach. Sawl ciwb bach gafodd eu ddefnyddio i wneud y ciwb mawr?

☐ ciwb bach

Lluosi a rhannu 4

Prynodd Joanna becyn o 24 creon a'u rhannu'n gyfartal rhwng ei chwe nith a nai. Sawl creon gafodd pob plentyn?

$24 \div 6 = 4$

[4] creon

Mewn wythnos ysgol, mae Meilyr yn cyfrifo wyth swm ar gyfer ei waith cartref bob nos. Os yw'r wythnos ysgol yn bum diwrnod, sawl swm mae'n rhaid i Meilyr eu cyfrifo bob wythnos?

[ ] swm

Llynedd, roedd gwyliau haf Einir yn gyfanswm o bum wythnos a thri diwrnod. Cyfrifwch wyliau Daisy mewn dyddiau.

[ ] diwrnod

Meddyliodd Emyr am rif ac yna fe'i dyblodd. Yna, dyblodd y rhif newydd a chael ateb terfynol o 32. Beth oedd rhif gwreiddiol Emyr?

[ ]

O rannu rhif dirgel â 12, mae'n rhoi naw fel canlyniad. Beth yw'r rhif dirgel?

[ ]

Prynodd Maria focs o rawnfwyd oedd yn cynnwys 24 o fisgedi gwenith. Os bwytodd hi ddwy fisged wenith bob dydd, am sawl diwrnod parodd y bisgedi?

[ ] diwrnod

Mae tri model mewn arddangosfa ffenestr mewn siop ddillad fawr yng Nghaerdydd. Os oes naw arddangosfa ffenestr gan y siop, faint o fodelau sydd yna i gyd?

[ ] model

 Cyfrifiadau cyffredinol 1

Perimedr petryal yw 26 cm, a'i led yw 4 cm. Cyfrifwch ei hyd.

9 cm

Perimedr = (2 x hyd) + (2 x lled)
Bydd 2 x 4 wedi'i dynnu o 26 yn rhoi dwywaith yr hyd i chi.

26 − 8 = 18
18 ÷ 2 = 9

Mewn canolfan siopa, talodd Afa ffi parcio o £1.65 gan ddefnyddio darnau arian. Defnyddiodd y nifer lleiaf o ddarnau arian i roi'r union swm. Beth oedden nhw?

☐ ☐ ☐ ☐

Perimedr petryal yw 18 cm. Mae ochr fyrrach y petryal hanner hyd yr ochr hirach. Beth yw hyd yr ochrau?

☐ a ☐

Mae 36 darn o ffrwyth mewn powlen. Orennau yw un chweched ohonynt. Sawl darn o ffrwyth sydd yn y bowlen nad sy'n orennau?

☐ darn o ffrwyth

Allan o 90 o gystadleuwyr mewn sioe dalent, roedd 10% wedi dawnsio a'r gweddill wedi canu. Sawl cystadleuydd fu'n canu?

☐

Y pellter rhwng Porthmadog a Llanfrothen yw 8.9 milltir. Beth yw cyfanswm y pellter byddech chi'n ei deithio petaech chi'n mynd o Borthmadog i Lanfrothen ac yn ôl?

☐

Mae gan Jac deis a chrysau yn y gymhareb 1:5. Os oes gan Jac gyfanswm o 18 o deis a chrysau, faint sydd ganddo o bob un?

☐ tei   ☐ crys

Cyfrifiadau cyffredinol 2

Mae trac rhedeg safonol yn 400 m. Os yw rhedwr yn rhedeg o amgylch y trac bedair gwaith, faint o bellter mae hi wedi'i deithio? **Nodyn**: ysgrifennwch yr ateb mewn cilometrau.

[1.6 km]

```
   400
x    4
  1600
```

1 km = 1000 m
so 1600 m = 1.6 km

Roedd y flwyddyn CLV, a ysgrifennwyd mewn rhifolion Rhufeinig, amser maith yn ôl. Pryd oedd hi?

[ ]

Enillodd Rhisiart y loteri ond rhoddodd 75% ohono i elusen. Os enillodd Rhisiart £100 000, faint roddodd e i elusen?

[ ]

Mae angen i groser stocio 96 o afalau yn ei siop. Os daw afalau mewn bagiau o 12, sawl bag sydd eu hangen arno?

[ ] bag

Mae gan betryal ochrau 7 cm a 4 cm, ac mae gan sgwâr ochrau 5 cm. Pa siâp sydd â'r arwynebedd mwyaf, a gan faint?

.... [ ]

Mae bws yn cyrraedd arhosfan bob 25 munud. Os yw'r bws cyntaf yn cyrraedd am 11:45, faint o'r gloch fydd y tri bws nesaf yn cyrraedd? Rhowch eich atebion gan ddefnyddio system amser 24 awr.

[ ] [ ] [ ]

Y gymhareb o orennau i fananas mewn powlen ffrwythau yw 3:1. Os oes pedwar banana yn y bowlen, sawl oren sydd yna?

[ ] oren

Problemau anoddach 1

Aeth Cadi i siop i brynu esgidiau ymarfer newydd. Roedd hi'n hoffi pâr oedd yn costio £87. Defnyddiodd daleb disgownt, ac felly dim ond £42.70 roedd rhaid iddi ei dalu. Faint arbedodd Cadi?

£44.30

```
  87.00
- 42.70
  44.30
```

Mae Tania'n dilyn yr un drefn ymarfer corff bob dydd. Mae hi'n loncian 1.3km ar gyflymder cyson bob 15 munud. Faint o'r gloch mae Tania'n gorffen os yw hi'n gadael gartref am 15:40 bob dydd ac yn loncian cyfanswm pellter o 6.5 km? Rhowch eich ateb gan ddefnyddio'r system amser 24 awr.

Beth yw arwynebedd y siâp ar y dde?

Mae cost postio parsel yn dibynnu ar ei bwysau. Os yw parsel sy'n pwyso 2kg yn costio £2.80 i'w bostio, beth fydd cost parsel sy'n pwyso 10kg?

Teiliodd Mila lawr ei hystafell ymolchi. Ar gyfer pob teilsen werdd roedd hi'n ei defnyddio, roedd hin defnyddio pump teilsen wen. Os defnyddiodd Mila 30 o deils, sawl un o bob lliw ddefnyddiodd hi?

gwyrdd ☐   gwyn ☐

Perimedr hecsagon cyffredin yw 78 cm. Beth yw hyd pob ochr?

Lluosodd Geth rif gyda'i hun, ac yna ei haneru. Y canlyniad oedd 24.5. Gyda pha rif y dechreuodd Geth?

30

Problemau anoddach 2

Mae rhif 0.6 yn uwch na rhif arall. Os mai 6.1 yw'r rhif mwyaf, beth yw'r rhif lleiaf?

5.5

```
  6.1
- 0.6
  5.5
```

Mae dau rif yn cael eu hadio at ei gilydd i wneud 7.4. Os mai 4.9 yw un o'r rhifau, beth yw'r rhif arall?

Mae un rhif ddwywaith mor fawr â rhif arall. Os mai 9.3 yw cyfanswm y ddau rif, beth yw'r ddau rif?

☐ a ☐

Mae rhif yn cael ei ddyblu, ac yna mae tri yn cael ei ychwanegu ato. Os mai 5.8 yw'r rhif terfynol, beth oedd y rhif gwreiddiol?

Mae lawnt betryalog yn 3.8 m o hyd a 2.6 m o led. Beth yw perimedr y lawnt?

Taldra Jonathan yw 1.84 m, a thaldra'i chwaer Lana yw 1.46 m. Taldra Tatia, eu chwaer hŷn, yw union hanner ffordd rhwng y ddau daldra. Cyfrifwch daldra Tatia.

Os yw canol cylch 4.6 cm i ffwrdd o ymyl y cylch, beth yw'r pellter yr holl ffordd ar draws y cylch?

31

 # Problemau anoddach 3

Beth yw tair rhan o bump o 30?

18

$\frac{1}{5}$ o 30 = 30 ÷ 5 = 6

felly $\frac{3}{5}$ bydd 3 x 6 = 18

Prynodd Dyfrig fag o fylbiau lili cymysg i'w plannu yn ei ardd. Roedd y bag yn cynnwys 24 o fylbiau. Pan oedden nhw'n blodeuo, roedd tair rhan o wyth o'r lilis yn goch a'r lleill yn felyn. Sawl lili oedd yn felyn?

lili

Mewn arolwg o 60 o yrwyr, dywedodd tair rhan o ddeg eu bod wedi pasio'u prawf gyrru'r tro cyntaf. Faint o yrwyr yn yr arolwg na lwyddodd i basio'r tro cyntaf?

gyrrwr

Cerddodd Sioned a'i ffrindiau 180m i fyny bryn. Stopion nhw i orffwys ar ôl cwblhau dwy ran o dair o'r daith. Faint ymhellach wnaethon nhw gerdded ar ôl gorffwys?

Mae meddyg yn treulio pump rhan o chwech o bob awr yn gweld cleifion, a gweddill yr awr yn ysgrifennu nodiadau. Sawl munud mae hi'n eu treulio'n ysgrifennu nodiadau bob awr?

Pa mor hir yw tri chwarter o ddwy awr mewn munudau?

Derbyniodd Teifi £1 am helpu ei dad yn yr ardd. Cynilodd ddwy rano bump o'r swm. Faint o arian a gynilodd? Rhowch eich ateb mewn ceiniogau.

Adran atebion gyda nodiadau ar gyfer rhieni

Datrys Problemau
Addas i blant 7-9 oed

Mae'r adran hon yn rhoi atebion a nodaidau esboniadol i'r holl broblemau yn y llyfr hwn. Bydd hyn yn eich galluogi i asesu a marcio gwaith eich plentyn.

Gweithiwch drwy bob tudalen gyda'ch gilydd, a sicrhewch fod eich plentyn yn deall pob problem fathemategol. Nodwch unrhyw gamgymeriadau mae'ch plentyn yn eu gwneud, a chywirwch y gwallau. Dylai eich plentyn ddefnyddio'r dulliau cyfrifo a ddysgir yn ei ysgol. Yn ogystal â gwneud cywiriadau, mae'n bwysig iawn i ganmol ymdrechion a chyraeddiadau'ch plentyn.

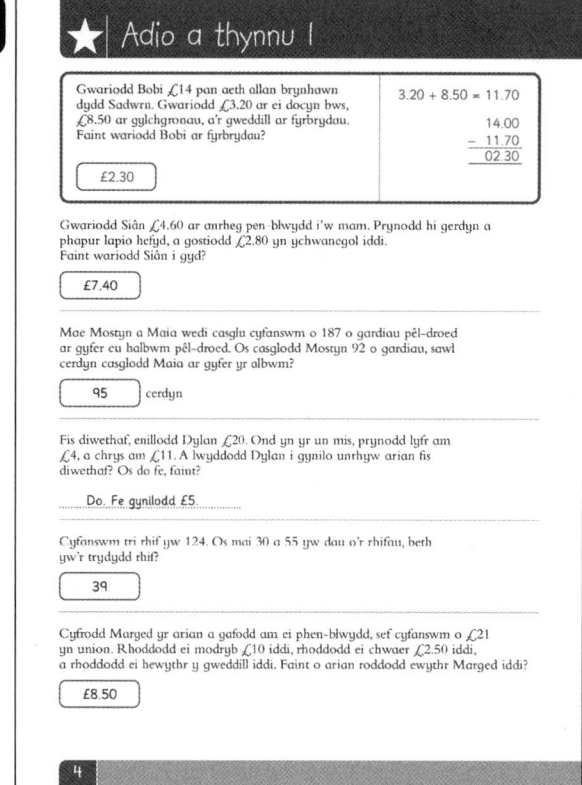

Mae cynnwys unedau ym mhob cam o gyfrifo problem yn ddefnyddiol pan fydd angen i chi drosi o un uned i'r llall, fel o bunnoedd i geiniogau. Hyd yn oed os nad ydych yn defnyddio unedau wrth gyfrifo, dylech eu cynnwys bob amser yn eich atebion terfynol.

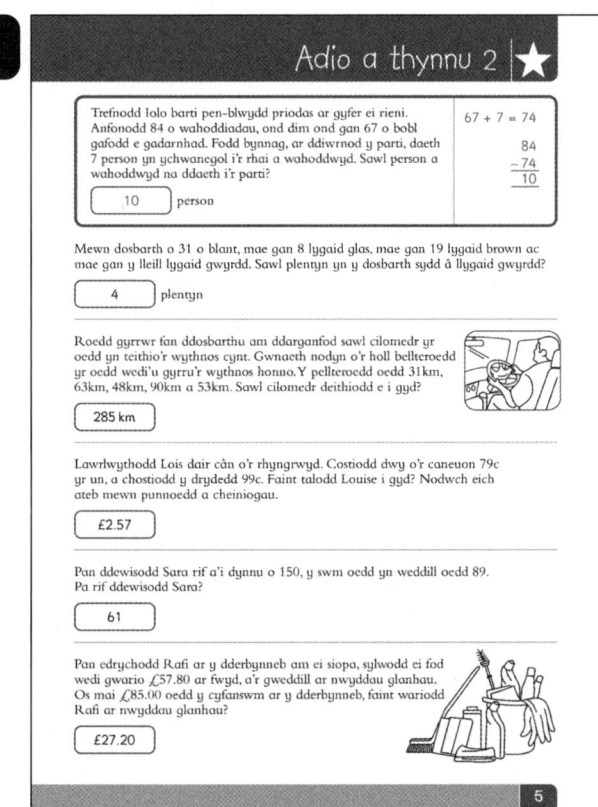

Mae'n bosibl bod eich plentyn wedi dysgu gwahanol ddulliau o adio a thynnu, gan fod gan ysgolion eu dulliau dysgu eu hunain. I ddarparu'r arweiniad gorau, darganfyddwch y dulliau hyn trwy siarad â'ch plentyn neu eu hathro.

Anogwch eich plentyn i ddysgu tablau lluosi, a'i helpu i sylweddoli, wrth ddysgu un tabl lluosi, ei fod yn dysgu dau mewn gwirionedd! Eglurwch, os yw'n gwybod bod 3 x 5 yn 15, ei fod hefyd yn gwybod mai 5 x 3 yw 15.

7 — Tablau lluosi 2

Pa rif, pan luosir gyda'i hun, sy'n hafal i 121?
11
$11 \times 11 = 121$

Pa rif sy'n rhoi'r ateb 56 wrth luosi ag wyth?
7

Sawl mis sy'n hafal i bum mlynedd?
60 mis

Fis diwethaf, cyfrannodd 11 person o swyddfa Anna £10 yr un at elusen. Beth oedd cyfanswm yr arian a godwyd gan y gweithwyr yn y swyddfa?
£110

Er mwyn cadw'n heini, mae Siôn yn cerdded 5km bob dydd. Os yw e eisoes wedi cwblhau 40km, ers sawl diwrnod mae Siôn wedi bod yn mynd am dro?
8 diwrnod

Ysgrifennwch yr atebion i'r cwestiynau hyn mor gyflym ag y gallwch.
$6 \times 7 = $ **42** $\quad 9 \times 3 = $ **27** $\quad 10 \times 12 = $ **120** $\quad 7 \times 7 = $ **49**

Beth yw'r rhif sydd ar goll ym mhob swm?
$5 \times $ **5** $= 25 \quad$ **5** $\times 8 = 40 \quad 7 \times $ **3** $= 21 \quad$ **2** $\times 12 = 24$

Mae athro celf yn rhoi tri math o frwsh paent i bob plentyn yn ei ddosbarth. Os oes wyth o blant yn y dosbarth, faint o frwshys paent fydd eu hangen arno i gyd?
24 brwsh paent

Gofynnwch i'ch plentyn ddewis tabl lluosi a'i adrodd wrthoch chi. Nid yn unig bydd yn arfer da iddynt, ond bydd hefyd yn dangos i chi pa mor dda mae'n dod ymlaen.

8 — Lluosi a rhannu 1

Treuliodd Mr Blodyn drwy'r dydd dydd Sul yn gwneud myffins ar gyfer ffair werthu cacennau'r ysgol. Paciodd chwe myffin ym mhob bocs, a llenwi 12 bocs. Sawl myffin oedd gan Mr Blodyn i gyd?
72 myffin
$\begin{array}{r} 12 \\ \times\ 6 \\ \hline 72 \end{array}$

I harddu ei gardd yn y gwanwyn, plannodd Mari fylbiau tiwlip. Lluniodd dair rhes yn y gwely blodau a phlannu 12 bwlb ym mhob rhes. Sawl bwlb blannodd Mari i gyd?
36 bwlb tiwlip

Rhannodd Hywel ei gasgliad cardiau post yn gyfartal rhwng ei bum nith a nai. Os oedd gan Hywel gasgliad o 150 cerdyn post, sawl un dderbyniodd pob plentyn?
30 cerdyn post

Rhoddodd Ben wyth byrgyr bach i bob person yn ei barti. Daeth naw o bobl i'w barti. Sawl byrgyr oedd eu hangen ar Ben i gyd?
72 byrgyr

Os oes angen rhoi 60 o lyfrau llyfrgell mewn pentyrrau o 12, sawl pentwr fydd?
5 pentwr

Mae rhif wedi'i luosi â saith yn hafal i 63. Beth yw'r rhif?
9

Mae pob neges destun y mae Carys yn ei hanfon yn costio 6c. Os anfonodd Carys 40 o negeseuon fis diwethaf, faint gostiodd hynny i gyd? Nodwch eich ateb mewn punnoedd a cheiniogau.
£2.40

Mae cysylltiad agos rhwng cysyniadau lluosi a rhannu. Maent, mewn gwirionedd, yn "wrthdro" i'w gilydd. Dywedwch wrth eich plentyn, os yw $3 \times 4 = 12$, yna $12 \div 3 = 4$ a $12 \div 4 = 3$. Bydd deall hyn yn ei wneud yn haws i weithio gyda nhw.

9 — Lluosi a rhannu 2

Prynodd Lee chwe bocs o lyfrau ar gyfer ei nai. Os yw un bocs yn cynnwys pum llyfr, sawl llyfr brynodd Lee?
30 llyfr
$\begin{array}{r} 5 \\ \times\ 6 \\ \hline 30 \end{array}$

Sawl blwyddyn sy'n hafal i naw degawd?
90 blwyddyn

Roedd gan Daniel 19 cacen. Rhoddodd bedair cacen yr un i bedwar o'i ffrindiau. Sawl cacen oedd ar ôl i Daniel eu bwyta?
3 cacen

Defnyddiodd cogydd mewn gwesty 84 o wyau i wneud brecwast i'w westeion bore 'ma. Os yw pob bocs wy yn dal dwsin o wyau, sawl bocs defnyddiodd y cogydd?
7 bocs wyau

Pa rif wedi'i luosi â thri sy'n rhoi'r ateb 66?
22

Os yw crochenydd yn cymryd 20 munud i wneud un cwpan wy, sawl cwpan wy gall hi eu gwneud mewn pedair awr?
12 cwpan wy

Os yw pecyn o fisgedi yn cynnwys 24 bisged, sawl bisged sydd mewn pedwar pecyn?
96 bisged

Wrth i'r niferoedd a ddefnyddir wrth luosi gynyddu, megis 16×8 yn hytrach na 3×4, mae'r dulliau ar gyfer cyfrifo'r broblem hefyd yn newid. Os yw'ch plentyn yn ansicr sut i weithio gyda niferoedd mwy o faint, gofynnwch i'w hathro am y dulliau a ddysgir yn yr ysgol.

10 — Problemau amser 1

Mae Gareth yn hoffi berwi ei wyau am bedwar munud a hanner bob amser brecwast. Pa mor hir yw hynny mewn eiliadau?
270 eiliad

1 munud = 60 eiliad
$4 \times 60 = 240$
$\frac{1}{2}$ munud = 30 eiliad
$\begin{array}{r} 240 \\ +\ 30 \\ \hline 270 \end{array}$

Aeth Emma i siopa am 10.00 yb, a dychwelyd am 2.30 yp. Am ba mor hir fuodd Emma'n siopa? Nodwch eich ateb mewn oriau a munudau.
4 awr 30 munud

Mae Harri'n hoffi dweud ei oedran mewn misoedd yn lle blynyddoedd. Os yw Harri'n chwe mlwydd a hanner oed, sut byddai e'n dweud ei oedran?
78 mis oed

Mae Aeron wedi bod yn fyw am bum degawd a hanner. Pa mor hen yw Aeron mewn blynyddoedd?
55 blwydd oed

Pa ddau fis yn olynol sydd â 31 diwrnod?
Gorffennaf ac Awst neu Rhagfyr ac Ionawr

Llwyddodd Dewi i nofio yn ei flaen am 11 eiliad, tra llwyddodd Tomos i wneud am 20 eiliad. Am faint yn hirach na Dewi bu Tomos yn nofio?
9 eiliad

Cymerodd Olwen 35 munud i gerdded o'i chartref i ganol dinas Abertawe. Os gadawodd Olwen ei chartref am 8.45 yb, faint o'r gloch cyrhaeddodd hi ganol y ddinas?
9.20 yb

Helpwch eich plentyn i ddeall sut mae'r unedau amser yn perthyn i'w gilydd. Dechreuwch gyda nifer yr eiliadau mewn munud, gan symud ymlaen at nifer y munudau mewn awr, oriau mewn diwrnod, ac wedyn y nifer o ddyddiau sydd yn y gwahanol fisoedd.

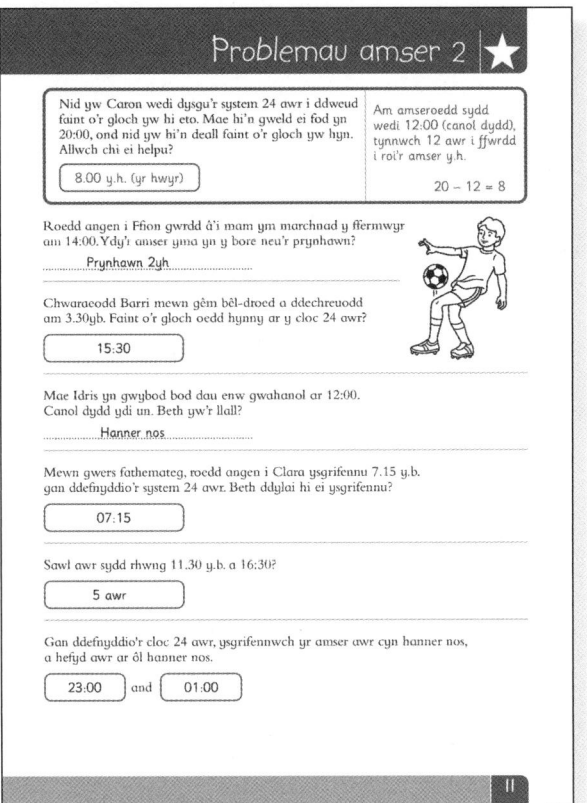

Mae plant fel arfer yn dysgu'r system 24 awr drwy edrych ar ddyfeisiau electronig fel ffonau symudol a thabledi. Pan mae'n bosib, newidiwch wedd y cloc o 12 awr i 24 awr, i wneud yn siŵr bod eich plentyn yn gwybod sut mae'r ddwy system yn perthyn i'w gilydd.

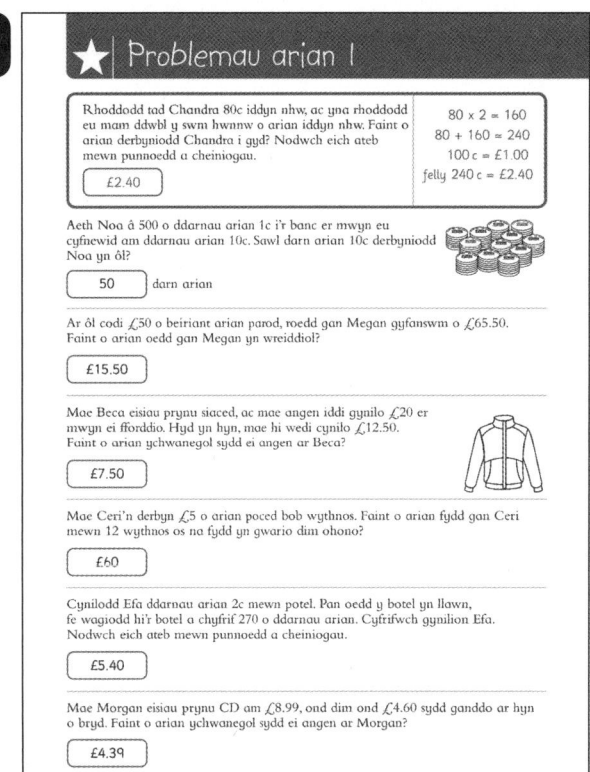

Bydd eich plentyn yn deall arian yn well os rhowch chi gyfle iddo weld a thrin arian mewn sefyllfaoedd go iawn.

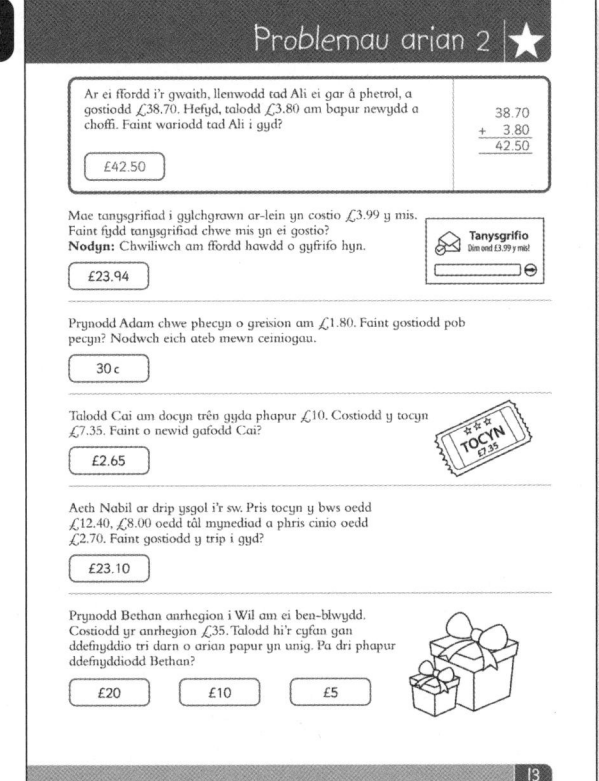

Sicrhewch fod eich plentyn yn gyfarwydd â'r holl ddarnau arian ac arian papur yn y DU. Hefyd, cyflwynwch nhw i'r Ewro a'r ddoler. Trafodwch sut mae'r prif unedau wedi'u rhannu, a sut mae'r rhain yn cymharu ag arian y DU.

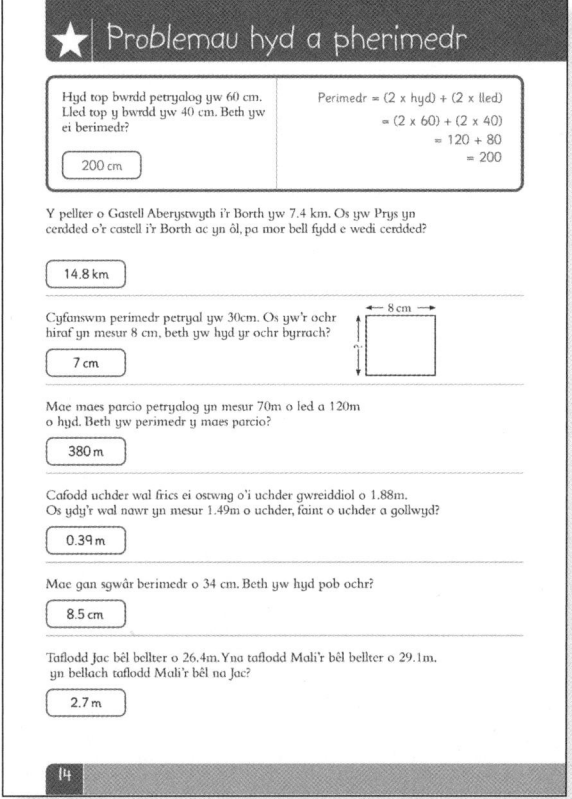

Dylai'ch plentyn allu disgrifio unedau hyd metrig fel milimetr a chentimetr trwy ddefnyddio'i ddwylo. Er enghraifft, mae milimetr tua hyd ymyl rhydd ewin, ac mae centimetr tua lled bys.

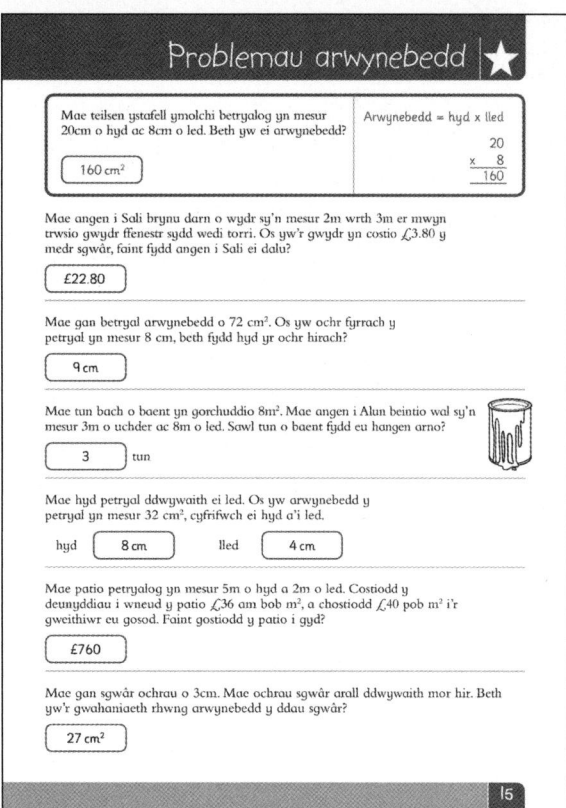

Gwnewch yn siŵr bod eich plentyn yn deall cysyniad cyffredinol arwynebedd – sef faint o le sydd y tu mewn i siâp gwastad. Er mwyn ymarfer, gofynnwch iddynt gyfrif arwynebeddau sgwariau a phetryalau syml.

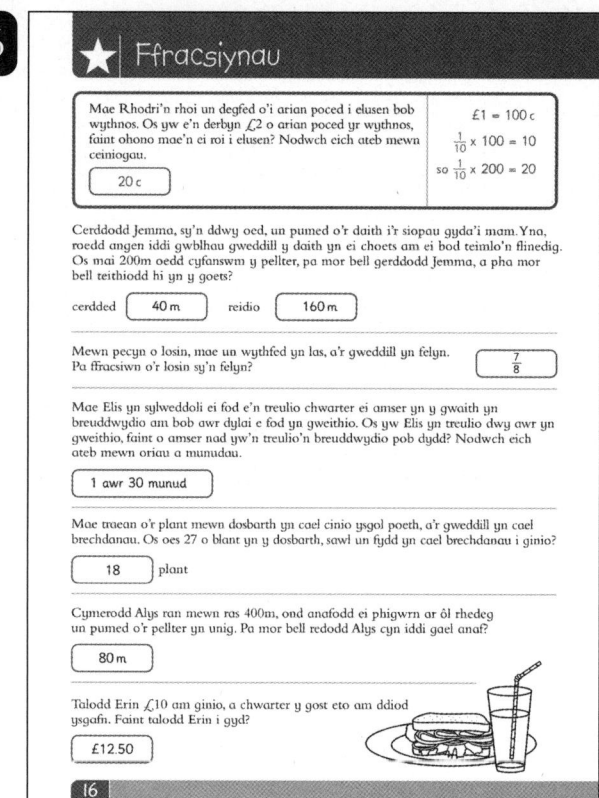

Mae'n bwysig i'ch plentyn ddeall y cysylltiad rhwng ffracsiynau unedol a thablau lluosi. Er enghraifft, os oes angen treian o 24, yna mae tabl 3 yn berthnasol.

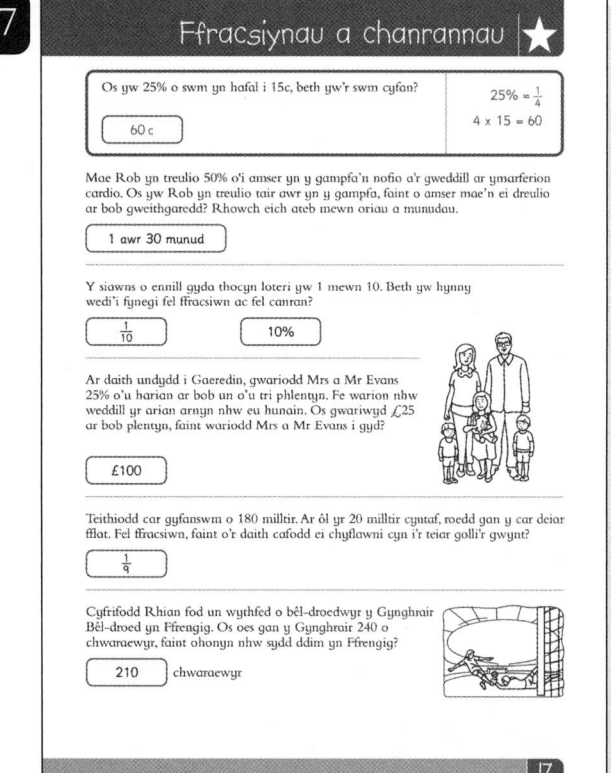

Mae'n bwysig dysgu trosi rhwng ffracsiynau syml a'u cyfwerthoedd canrannol. Er enghraifft, mae $\frac{1}{2}$ yr un fath a 50%, $\frac{1}{5}$ yr un fath a 20% ac yn y blaen. Dylai'ch plentyn hefyd ddysgu'r rhai mwy cymhleth, fel $\frac{1}{3}$ yn hafal i 33.3%.

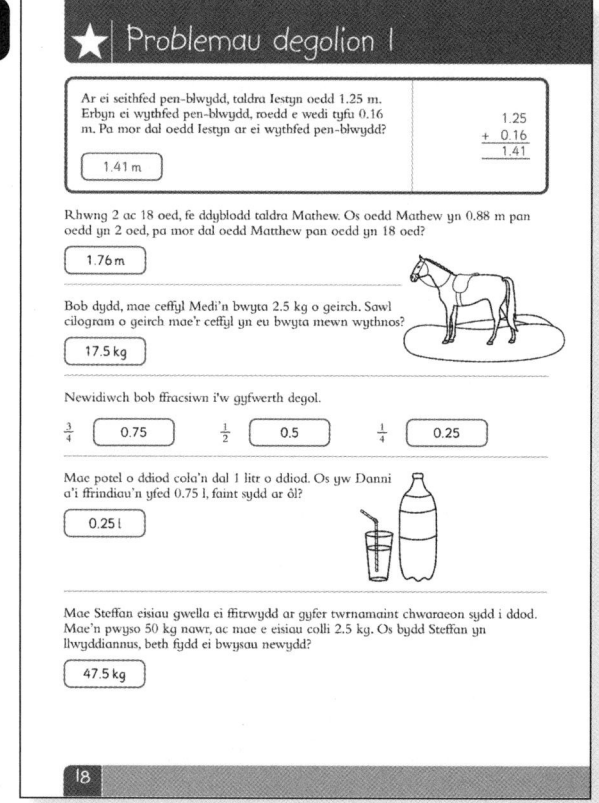

Sicrhewch fod eich plentyn yn deall y gall degolion fod yn ffordd arall o ddangos rhifau sy'n llai nag un. I ddechrau, dysgwch iddo fod 0.5 yn hanner, ac yna eglurwch y bydd gwerth sy'n llai na 0.5 yn llai na hanner, ac yn y blaen.

19 — Problemau degolion 2

Cafodd pris pecyn o gnau daear sydd fel arfer yn costio £2 ei ostwng gan 0.25. Beth yw pris newydd y pecyn?

£1.50

$0.25 = \frac{1}{4}$
$\frac{1}{4} \times 2 = 0.50$
2.00
− 0.50
1.50

Roedd bag yn cynnwys 12 afal. Y diwrnod wedyn, cafodd 0.25 o'r afalau eu bwyta. Sawl afal oedd ar ôl?

9 afal

Prynodd Tabitha focs o siocledi. Roedd 0.75 ohonynt yn siocled llaeth a'r gweddill yn siocled plaen. Os oedd y bocs yn cynnwys 24 o siocledi, sawl un oedd yn blaen, a sawl un oedd yn siocled llaeth?

6 siocled plaen   **18** siocled llaeth

Newidiwch bob ffracsiwn i'w gyfwerth degol.

$\frac{1}{5}$ **0.2** $\frac{1}{10}$ **0.1** $\frac{7}{10}$ **0.7**

Dyblwyd hyd llwybr gardd Alya i 7.8 m. Beth oedd hyd y llwybr gwreiddiol?

3.9 m

Os yw 0.75 o rif yn hafal i 12, beth yw'r rhif cyflawn?

16

Mae Celyn fel arfer yn derbyn £4 o arian poced bob wythnos. Fodd bynnag, yr wythnos hon, rhoddodd eu tad faint oedd 0.2 yn ychwanegol i'r arian hwn am helpu gyda pharatoadau parti dros y penwythnos. Faint o arian ychwanegol dderbyniodd Celyn? Rhowch eich ateb mewn ceiniogau.

80 c

Mae rhai o'r problemau ar y dudalen hon yn ymwneud â rhifau â dau le degol. Bydd eich plentyn yn dod ar draws degolion o'r fath hon mewn bywyd dydd i ddydd wrth ddefnyddio arian (er enghraifft, £2.99), neu fesur hyd (er enghraifft, 1.43m).

20 — Rhifolion Rhufeinig

Ar ben-blwydd Ryan, rhoddodd Greta gerdyn iddo oedd yn dweud: 'Pen-blwydd Hapus! Rwyt ti nawr yn XVIII'. Faint yw oedran Ryan?

18 mlwydd oed

X = 10
V = 5
I = 1
10 + 5 + 3 = 18

Ar wyneb cloc, mae'r bys bach (awr) yn pwyntio at VI, a'r bys mawr (munud) at XII. Faint o'r gloch yw hi?

6 o'r gloch

Mae'r tarianau isod yn dangos rhifau tair lleng Rufeinig. Sut byddwn ni'n ysgrifennu'r rhifau hyn?

IV **4**   IX **9**   XV **15**

Gan ddefnyddio rhifolion Rhufeinig, ysgrifennwch y rhif sydd un yn llai na phob un o'r rhain.

III **II**   X **IX**   XX **XIX**

Cyfrifwch y symiau isod gan ddefnyddio rhifolion Rhufeinig. Ysgrifennwch yr atebion ar ffurf rhifau.

L + X + V + I = **66**   VI + IX + L = **65**

LXII − XX = **42**   LXV − XIII = **52**

Ysgrifennwch bob un o'r rhifau isod yn ei ffurf Rufeinig.

15 **XV**   56 **LVI**   24 **XXIV**

Mae plant fel arfer yn gweld rhifolion Rhufeinig yn ddiddorol, felly cadwch olwg am enghreifftiau mewn sefyllfaoedd bob dydd, megis ar glociau, mewn nodiant cerddorol, ac ar ddiwedd rhaglenni teledu a ffilmiau.

21 — Problemau cymarebau

Mewn clwb rhedeg, y gymhareb o fechgyn i ferched yw 2:1. Os oes 40 o fechgyn yn y clwb, sawl merch sydd ynddo?

20 merch

Mae 2:1 yn golygu bod dwywaith cymaint o fechgyn na merched, felly 40 ÷ 2 = 20

Cymhareb y merched i fechgyn mewn sioe ysgol oedd 2:1. Os oedd 20 o ferched yn y sioe, sawl plentyn oedd yn cymryd rhan i gyd?

30 o blant

Ar gyfer prosiect ysgol, gofynnodd Efan i 24 o gefnogwyr chwaraeon i enwi eu hoff gamp. Y canlyniad oedd bod 3:1 yn ffafrio pêl-droed dros rygbi. Sawl cefnogwr oedd yn ffafrio pob camp?

Pêl-droed **18**   Rygbi **6**

Mewn dosbarth o 30 o blant, mae gan 20 wallt brown ac mae gan y gweddill wallt golau. Beth yw cymhareb y plant â gwallt brown i wallt golau yn y dosbarth?
Nodyn: Ysgrifennwch y gymhareb mor syml â phosibl.

2:1

Mae bocs o losin yn cynnwys rhai blas grawnwin, melon dŵr a mefus, yn y gymhareb 3:2:1. Os oes 9 losinen grawnwin, sawl losinen melon dŵr a mefus sydd yn y bocs?

6 blas melon dŵr   **3** blas mefus

Mewn canolfan gwerthu ceir, mae yna geir arian a cheir coch mewn cymhareb o 1:4. Os oes 16 car coch, sawl car sydd yn y ganolfan i gyd?

20 car

Cymhareb y gwartheg i ddefaid ar fferm Tom yw 2:3. Os oes gan y fferm gyfanswm o 40 o wartheg a defaid, faint sydd o bob math o anifail?

16 buwch   **24** dafad

Anogwch eich plentyn i feddwl am gymarebau fel ffordd o ddangos y cyfrannau rhwng niferoedd mewn grŵp. Er enghraifft, gellid meddwl am 2:3 fel "am bob dwy ran, mae tair rhan arall".

22 — Deall siartiau 1

Mae'r siart isod yn dangos nifer o weithiau y bu bechgyn a merched yn benthyca llyfrau o lyfrgell yr ysgol. Edrychwch yn ofalus ac atebwch y cwestiynau.

Teitl (Awdur)	Bechgyn	Merched
Dyddiadur Dirgel Dilwyn (Iwan Bevan)	640	295
Hanes fy Hen Fam-gu (Eirian Morus)	566	531
O'r Amazon i Abertawe: Anturiaethau Sam (Manon Llewelyn)	170	462
Y Ddraig a'r Uncorn (Colin Wahlberg)	602	583

Pa awdur oedd fwyaf poblogaidd ymhlith y bechgyn?
Iwan Bevan

Pa awdur oedd fwyaf poblogaidd ymhlith y merched?
Colin Wahlberg

Pa lyfr gafodd ei fenthyg fwyaf?
Y Ddraig a'r Uncorn

Pa lyfr oedd â'r gwahaniaeth mwyaf rhwng nifer y bechgyn fu'n ei ddarllen a nifer y merched fu'n ei ddarllen?
Dyddiadur Dirgel Dilwyn

Sawl gwaith yn fwy cafodd ei fenthyg o'i gymharu â Dyddiadur Dirgel Dilwyn? **162** gwaith yn fwy

Llyfr gan ba awdur gafodd ei fenthyca 632 o weithiau?
Manon Llewelyn

I ganfod gwybodaeth ddefnyddiol o fewn siartiau data, dylai'ch plentyn eu hastudio'n ofalus iawn. Wrth fynd i'r afael â'r cwestiynau, ni ddylai wneud unrhyw ragdybiaethau am yr hyn sy'n cael ei ofyn, a darllen pob un ddwywaith.

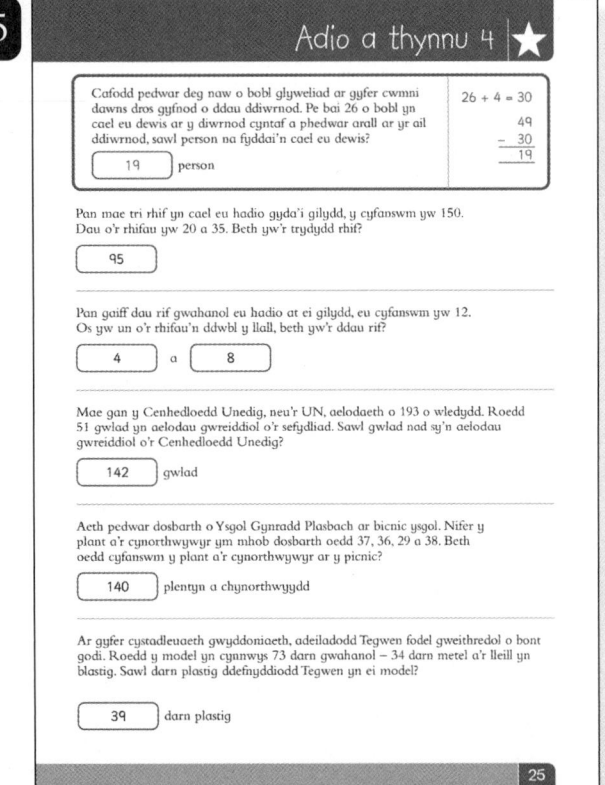

Mae llawer o wahanol ffyrdd o arddangos data, a phryd bynnag y gwelwch enghraifft, dangoswch hi i'ch plentyn. Trafodwch a gofynnwch gwestiynau fel "Ydi hi'n amlwg beth mae'n ei olygu?", "Oes ganddo deitl?" ac "A yw'r data'n glir neu'n ddryslyd?"

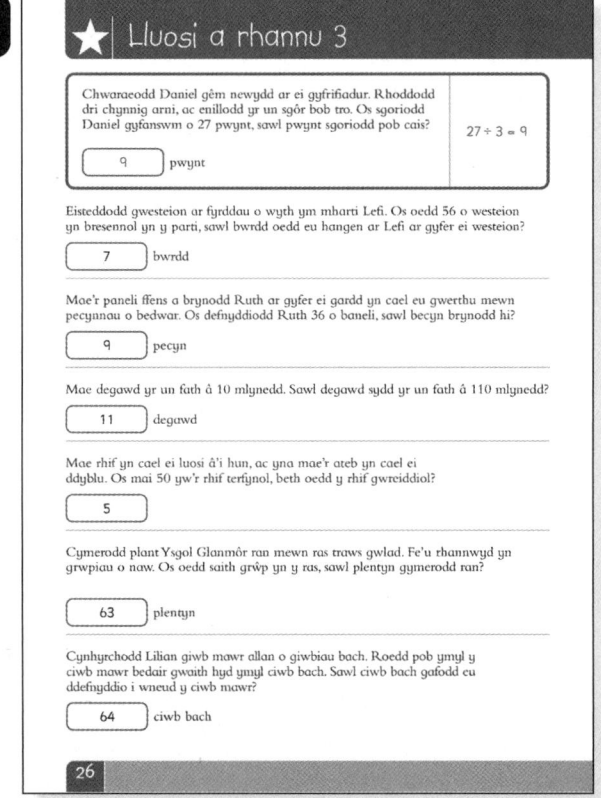

Mae angen i'ch plentyn wybod y termau gwahanol a ddefnyddir i olygu "adio" a "tynnu". Mae termau "adio" yn cynnwys "cyfuno", "ymuno", "rhoi at ei gilydd" ac "i gyd". Mae termau "tynnu" yn cynnwys "gostyngiad / gostwng" a "llai na".

Dylai'ch plentyn wybod bod pob swm, hyd yn oed rhai syml, yn rhoi mwy o wybodaeth nag efallai maen nhw'n ei feddwl. Er enghraifft, 4 + 7 = 11, felly 11 − 7 = 4 ac 11 − 4 = 7. Mae'r gallu hwn i "gysylltu" cyfrifiadau'n werth tynnu sylw ato.

Erbyn hyn, dylai'ch plentyn fod yn gyfarwydd â'r dulliau ysgrifenedig o luosi a rhannu. Dylai hefyd fod yn gyfarwydd â'r dulliau o gyfuno cyfrifiadau pen â rhai ysgrifenedig.

27 — Lluosi a rhannu 4

Prynodd Joanna becyn o 24 creon a'u rhannu'n gyfartal rhwng ei chwe nith a nai. Sawl creon gafodd pob plentyn?
$24 \div 6 = 4$
4 creon

Mewn wythnos ysgol, mae Meilyr yn cyfrifo wyth swm ar gyfer ei waith cartref bob nos. Os yw'r wythnos ysgol yn bum diwrnod, sawl swm mae'n rhaid i Meilyr eu cyfrifo bob wythnos?
40 swm

Llynedd, roedd gwyliau haf Einir yn gyfanswm o bum wythnos a thri diwrnod. Cyfrifwch wyliau Daisy mewn dyddiau.
38 diwrnod

Meddyliodd Emyr am rif ac yna fe'i dyblodd. Yna, dyblodd y rhif newydd a chael ateb terfynol o 32. Beth oedd rhif gwreiddiol Emyr?
8

O rannu rhif dirgel â 12, mae'n rhoi naw fel canlyniad. Beth yw'r rhif dirgel?
108

Prynodd Maria focs o rawnfwyd oedd yn cynnwys 24 o fisgedi gwenith. Os bwytodd hi ddwy fisged wenith bob dydd, am sawl diwrnod parodd y bisgedi?
12 diwrnod

Mae tri model mewn arddangosfa ffenestr mewn siop ddillad fawr yng Nghaerdydd. Os oes naw arddangosfa ffenestr gan y siop, faint o fodelau sydd yna i gyd?
27 model

Dywedwch wrth eich plentyn fod pob cyfuniad mewn swm yn cynhyrchu mwy o wybodaeth. Yn achos 4 x 5 = 20, y cyfuniadau a gynhyrchir yw 5 x 4 = 20, 20 ÷ 4 = 5 a 20 ÷ 5 = 4. Gofynnwch i'ch plentyn lunio cyfuniadau tebyg ar gyfer symiau eraill.

28 — Cyfrifiadau cyffredinol 1

Perimedr petryal yw 26 cm, a'i led yw 4 cm. Cyfrifwch ei hyd.
Perimedr = (2 x hyd) + (2 x lled)
Bydd 2 x 4 wedi'i dynnu o 26 yn rhoi dwywaith yr hyd i chi.
26 − 8 = 18
18 ÷ 2 = 9
9 cm

Mewn canolfan siopa, talodd Afa ffi parcio o £1.65 gan ddefnyddio darnau arian. Defnyddiodd y nifer lleiaf o ddarnau arian i roi'r union swm. Beth oedden nhw?
£1 **50c** **10c** **5c**

Perimedr petryal yw 18 cm. Mae ochr fyrrach y petryal hanner hyd yr ochr hirach. Beth yw hyd yr ochrau?
6 cm a **3 cm**

Mae 36 darn o ffrwyth mewn powlen. Orennau yw un chweched ohonynt. Sawl darn o ffrwyth sydd yn y bowlen nad sy'n orennau?
30 darn o ffrwyth

Allan o 90 o gystadleuwyr mewn sioe dalent, roedd 10% wedi dawnsio a'r gweddill wedi canu. Sawl cystadleuydd fu'n canu?
81

Y pellter rhwng Porthmadog a Llanfrothen yw 8.9 milltir. Beth yw cyfanswm y pellter byddech chi'n ei deithio petaech chi'n mynd o Borthmadog i Lanfrothen ac yn ôl?
17.8 milltir

Mae gan Jac deis a chrysau yn y gymhareb 1:5. Os oes gan Jac gyfanswm o 18 o deis a chrysau, faint sydd ganddo o bob un?
3 tei **15** crys

Pan ddaw eich plentyn ar draws problemau sydd angen mwy nag un gweithrediad, gofynnwch iddynt eu darllen fwy nag unwaith i benderfynu pa weithrediadau sydd eu hangen.

29 — Cyfrifiadau cyffredinol 2

Mae trac rhedeg safonol yn 400 m. Os yw rhedwr yn rhedeg o amgylch y trac bedair gwaith, faint o bellter mae hi wedi'i deithio? **Nodyn:** ysgrifennwch yr ateb mewn cilometrau.
```
  400
x   4
1600
```
1 km = 1000 m
so 1600 m = 1.6 km
1.6 km

Roedd y flwyddyn CLV, a ysgrifennwyd mewn rhifolion Rhufeinig, amser maith yn ôl. Pryd oedd hi?
155

Enillodd Rhisiart y loteri ond rhoddodd 75% ohono i elusen. Os enillodd Rhisiart £100 000, faint roddodd e i elusen?
£75 000

Mae angen i groser stocio 96 o afalau yn ei siop. Os daw afalau mewn bagiau o 12, sawl bag sydd eu hangen arno?
8 bag

Mae gan betryal ochrau 7 cm a 4 cm, ac mae gan sgwâr ochrau 5 cm. Pa siâp sydd â'r arwynebedd mwyaf, a gan faint?
petryal **3 cm²**

Mae bws yn cyrraedd arhosfan bob 25 munud. Os yw'r bws cyntaf yn cyrraedd am 11:45, faint o'r gloch fydd y tri bws nesaf yn cyrraedd? Rhowch eich atebion gan ddefnyddio system amser 24 awr.
12:10 **12:35** **13:00**

Y gymhareb o orennau i fananas mewn powlen ffrwythau yw 3:1. Os oes pedwar banana yn y bowlen, sawl oren sydd yna?
12 oren

Sicrhewch fod eich plentyn yn deall pa rifau a gweithrediad(au) sydd eu hangen i ddatrys pob problem. Weithiau, efallai na fydd gan y gweithrediadau dermau syml, fel "adio", felly bydd angen iddi fod yn effro iawn.

30 — Problemau anoddach 1

Aeth Cadi i siop i brynu esgidiau ymarfer newydd. Roedd hi'n hoffi pâr oedd yn costio £87. Defnyddiodd daleb disgownt, ac felly dim ond £42.70 roedd rhaid iddi ei dalu. Faint arbedodd Cadi?
```
 87.00
-42.70
 44.30
```
£44.30

Mae Tania'n dilyn yr un drefn ymarfer corff bob dydd. Mae hi'n loncian 1.3km ar gyflymder cyson bob 15 munud. Faint o'r gloch mae Tania'n gorffen os yw hi'n gadael gartref am 15:40 bob dydd ac yn loncian cyfanswm pellter o 6.5 km? Rhowch eich ateb gan ddefnyddio'r system amser 24 awr.
16:55

Beth yw arwynebedd y siâp ar y dde?
39 cm²

Mae cost postio parsel yn dibynnu ar ei bwysau. Os yw parsel sy'n pwyso 2kg yn costio £2.80 i'w bostio, beth fydd cost parsel sy'n pwyso 10kg?
£14

Teiliodd Mila lawr ei hystafell ymolchi. Ar gyfer pob teilsen werdd roedd hi'n ei defnyddio, roedd hin defnyddio pump teilsen wen. Os defnyddiodd Mila 30 o deils, sawl un o bob lliw ddefnyddiodd hi?
gwyrdd **5** gwyn **25**

Perimedr hecsagon cyffredin yw 78 cm. Beth yw hyd pob ochr?
13 cm

Lluosodd Geth rif gyda'i hun, ac yna ei haneru. Y canlyniad oedd 24.5. Gyda pha rif y dechreuodd Geth?
7

Pan fydd eich plentyn yn cwblhau problem, gwiriwch a yw'r gweithrediadau cywir wedi'u cyflawni. Hefyd, gwiriwch a yw'r niferoedd wedi'u hysgrifennu'n gywir. Yn olaf, gwiriwch yr ateb trwy wneud amcangyfrif bras.

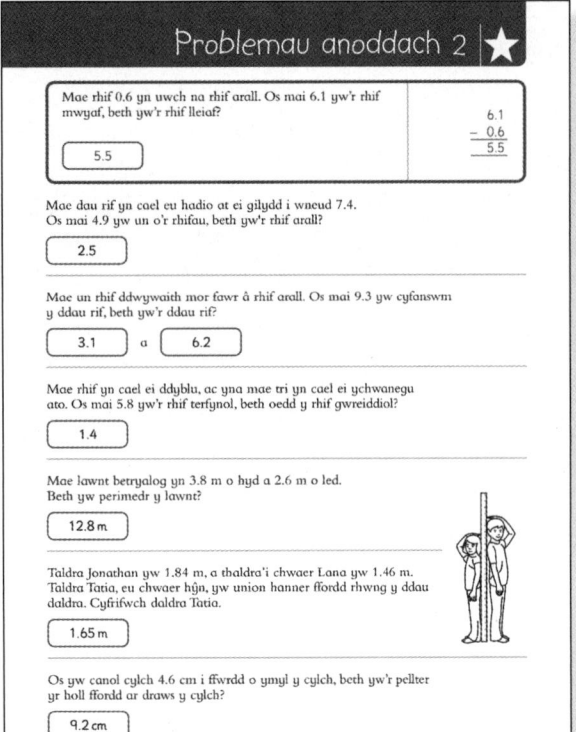

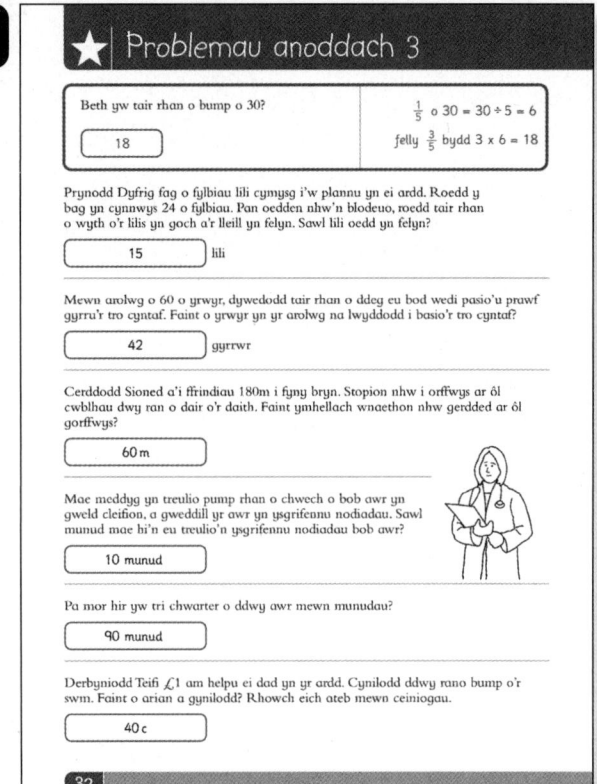

Wrth i eiriad cwestiynau ddod yn fwy cymhleth, gallai eich plentyn golli golwg ar y niferoedd degol sydd ynghlwm. Sicrhewch eu bod yn darllen y symiau'n ofalus, ac yna'n ysgrifennu'r niferoedd a'r gweithrediadau dan sylw.

Erbyn hyn, bydd eich plentyn wedi arfer â ffracsiynau anodd, fel $\frac{2}{3}$ neu $\frac{4}{9}$. Gall ddatrys problemau trwy ddarganfod y gwerth unedol ac yna defnyddio lluosi. Felly mae $\frac{5}{6}$ o 18 yn golygu dod o hyd i $\frac{1}{6}$ o 18, ac yna lluosi'r canlyniad â 5.